OBSERVATIONS

POUR LES

DÉPORTÉS DE LA MARTINIQUE,

EN RÉPONSE

A quelques opinions émises à la tribune de la Chambre
des Députés.

(Séance du 8 janvier 1825).

Si quelque chose pouvait convaincre de l'impossibilité d'éclaircir à la tribune les faits d'où dépendent la vie et l'honneur des citoyens;

Si quelque chose pouvait ajouter à l'aversion que les amis de la justice ont conçu pour les jugements par commission;

C'est la manière dont la discussion s'est égarée deux fois à la chambre des députés, à l'occasion de l'affaire des déportés de la Martinique.

Au parlement d'Angleterre, on n'aborde jamais des questions de cette nature, qu'après qu'une enquête a été faite par un comité spécial; ce comité mande auprès de lui les parties, ou leurs conseils; les interroge, commence par s'assurer des faits, et par se procurer toutes les pièces nécessaires;

Et quand ce comité fait un rapport à la chambre, tout est éclairci; la religion de tous les membres est éclairée, et la décision a lieu presque toujours sans division.

C'est ce qui explique comment dans ses courtes sessions, le parlement d'Angleterre vient à bout d'expédier tant d'affaires de haute administration.

Si le défenseur des déportés de la Martinique eut obtenu la faveur d'être entendu, il aurait convaincu les esprits les plus frappés de la crainte de toucher aux questions coloniales, que celle dont il s'agit, n'est point de nature à agiter les esprits; que la mesure qu'on sollicite, est au contraire le meilleur et le seul moyen de calmer les passions.

Car, nous croyons pouvoir le dire, à l'honneur de l'humanité, la justice parle si haut au cœur de tous les hommes, qu'elle désarme les esprits les plus rebelles, et porte un baume consolateur dans les âmes honnêtes, que le spectacle du mal aigrit et irrite.

Son Exc. Mgr. le ministre de la marine a exposé la première partie des faits avec exactitude; s'il s'est trompé sur le reste, ce n'est assurément pas sa faute. Il est tout simple, par exemple, que les autorités coloniales ne l'aient pas informé de la mort des hommes de couleur déportés au Sénégal, Mondesir, François Denis, Jacques Chantera et Vincent Lubin, et que plusieurs autres étaient dévorés par des fièvres et des dyssenteries, fruit de ce climat brûlant.

Il est possible qu'au moment du départ de M. le

commandant Roger, ces infortunés n'eussent pas encore succombé. Cependant le fait est attesté par une lettre des déportés eux-mêmes, datée de Saint-Louis Sénégal du 25 octobre 1824, qui a été mise sous les yeux de la commission. Cette lettre ne peut pas avancer une imposture sur des faits aussi faciles à vérifier.

Son Exc. a dit, d'après les nouvelles qu'elle avait reçues, que la plupart des déportés ont fait des établissements de commerce, ou se sont livrés à la profession de leur état.

Nous sommes au contraire porteurs de lettres qui prouvent que ces infortunés ne pouvaient pas trouver même leur subsistance par leur travail, et on le conçoit; qui ne craindrait de se rendre suspect à l'autorité en prenant chez lui un déporté, un homme accusé, et, si l'on en croit ses adversaires, convaincu des plus grands crimes?

Quant aux établissements de commerce, qui croira jamais que des hommes dénués de toutes ressources, privés de la disposition de leurs capitaux, à ce point de recourir à la bourse de leurs amis en France, pour faire face aux frais les plus indispensables, que des hommes frappés d'un si grand naufrage, aient obtenu du crédit dans une colonie qui manque de capitaux, et où ils ne peuvent intéresser personne que par l'excès de leur malheur.

Au surplus, il ne faut que lire leurs lettres, pour être convaincu de leur profonde misère.

4

Son Exc. a donc été trompée sur ce point d'humanité, comme elle l'a été sur les autres, ainsi que nous allons le démontrer.

On a parlé d'une insurrection imminente à la Martinique, et même d'un complot infâme, tramé par des hommes de couleur, qui aurait dû éclater le 25 décembre 1823, et qui aurait été renvoyé au 25 février, et ensuite au 25 avril *. Si un pareil complot avait existé, qui aurait empêché de prononcer contre les coupables la peine capitale? Qui doute que les autorités judiciaires n'eussent fait leur devoir à cet égard?

Mais il y a eu des condamnations judiciaires! oui, mais un seul arrêt a prononcé; mais cet arrêt est déféré à la cour de cassation par un pourvoi toujours subsistant, qu'on avait promis de laisser juger ** et qui ne l'est pas.

Que porte cet arrêt? il condamne plusieurs hommes de couleur aux galères, non pour attentat à la sûreté de la colonie, non pour complot, mais pour le simple fait de colportage de cette brochure, que M. le ministre de la marine avoue avoir pu circuler en France sans danger; pour des lettres écrites au gouverneur général, M. Donzelot, lettres suppliantes et respectueuses, dans lesquelles, il est vrai, on demandait des réformes; mais quelles réformes! ce ne sont pas les droits

* Paroles de Son Exc. le ministre de la marine.

** Le marquis de Clermont-Tonnerre, dans son opinion à la Chambre des Députés, le 17 juillet 1824.

politiques, ce sont les simples droits civils, les droits garantis par les ordonnances de Louis XIII et de Louis XIV.

On a parlé de mouvements insurrectionnels à Démérary, et dans les colonies anglaises. Il n'y a rien eu de pareil dans les deux colonies françaises des Antilles. Qu'y a-t-il de commun entre une révolte d'esclaves et une conspiration d'hommes libres? Quels motifs ceux-ci auraient-ils eus pour conspirer?

Les hommes de couleur de la Martinique ont combattu en 1822 les esclaves révoltés au Mont-Carbet. Était-ce pour les imiter en 1824, et que voulaient-ils?

On parle de fermentation dans nos colonies; citons un fait irrécusable. La Guadeloupe est placée dans les mêmes circonstances politiques; sa population est mélangée d'esclaves, de mulâtres et de blancs; la fatale brochure y a été introduite. Grâce à la sagesse des colons de cette île, grâce à la prudente fermeté de M. le contre-amiral Jacob et de M. le procureur général Pellerin, il n'y a pas eu de fermentation, pas une déportation, pas un bannissement, pas une action judiciaire.

D'où vient qu'il en a été autrement à la Martinique? le mémoire l'explique. Une lettre menaçante, insurrectionnelle, a été adressée à M. le gouverneur Donzelot; il a essayé, par une proclamation où les hommes de couleur ne sont pas nommés, de comprimer ce mouvement. Il a cru qu'il n'en serait pas le maître. Il a cédé à regret, nous en sommes convaincus comme M. de Vau-blanc lui-même, ainsi que plusieurs des administrateurs que le Roi lui a associés ;

Mais accuser les hommes de couleur d'attentat, de complot contre la vie des blancs, quand ils venaient de les défendre, au péril de leur vie, contre les esclaves révoltés au Mont-Carbet, est une injustice que l'on ne peut expliquer !

Que, loin des faits, à quinze cents lieues de la Martinique, on ait cru à cette accusation, cela se conçoit. Mais l'erreur devrait être dissipée aujourd'hui. Si elle ne l'est pas, c'est qu'on a continué de surprendre, par de faux rapports, la religion des hommes les plus éminents dans l'état, d'hommes qui, s'ils connaissaient la vérité tout entière, s'empresseraient d'accorder à l'innocence outragée la réparation qui lui est due.

On a dit à la tribune, qu'avant de prononcer ces déportations nombreuses, qui ont plus que décimé la classe des hommes de couleur, qui ont enlevé à la colonie de la Martinique les citoyens les plus industrieux et les plus utiles, la commission administrative et le gouvernement *avaient procédé à des informations ; que des témoins avaient été entendus ; que les prévenus eux-mêmes avaient été interrogés*[*].

[*] Paroles de Son Exc. le ministre de la marine.

Cela était bien propre sans doute à rassurer les consciences.

Eh bien, cela n'existe pas.

Les déportés le nient tous individuellement [*]. Si cette dénégation ne suffit pas, qu'on produise les interrogatoires! qu'on produise les décisions de déportation; car enfin la dénégation d'un accusé doit suffire, quand aucune des formes de la justice n'a été observée. Qu'on lise ces décisions à la tribune; qu'on les fasse connaître à la France.

On a dit aussi qu'avant de prononcer, le gouverneur avait appelé au conseil trois des juges de la cour royale. C'est de quoi l'on se plaint. Le règlement du roi voulait que ces décisions ne fussent pas dictées par des hommes aveuglés par les préjugés coloniaux, mais par des européens.

Si la commission a eu des renseignements sur l'existence d'une conspiration future, il n'en a rien transpiré ; elle a jugé d'après des dénonciations clandestines, qu'on n'oserait livrer au grand jour de la publicité.

Quant aux substitutions des enfants aux pères, des frères à leurs frères, dans cette grande déportation, voici comment elle s'explique, et comment elle a été expliquée:

On atteste que M. Germain Saint Aude fils, qui figure parmi les déportés du Sénégal, qui est l'un des signataires de la lettre du 25 octobre, a été

---

[*] V. la lettre à Son Exc. M. le marquis de Clermont-Tonnerre, le 23 juillet 1824, en réponse à son discours du 17.

arrêté pour remplacer son père, qui s'était jeté à la mer, et qu'on supposait bien à tort avoir regagné le rivage, quand, de fait, ne sachant pas nager, il s'est suicidé de désespoir *.

Il y a eu plusieurs décisions successives de déportation.

M. *Rose Ambroise*, propriétaire à la Basse Pointe, était à peine déporté, que son fils aîné l'a remplacé dans les prisons.

M. Jacques *Cadet*, riche propriétaire, était arrêté. Son fils se plaint; il est arrêté lui-même.

M. *Procope* a été déporté pour les colonies étrangères avec ses trois fils.

Montrose Descasse a été déporté pour la même destination, en l'absence de son frère.

On peut dire sans doute qu'ils ont été arrêtés pour leurs propres fautes. Mais l'intervalle entre les arrestations, rend vraisemblable l'affirmation des déportés, qu'ils ont été frappés après coup pour avoir protesté contre l'injustice.

D'ailleurs, n'a-t-on pas déporté sous prétexte de conspiration des personnes du sexe? n'a-t-on pas maltraité les sœurs, les épouses, les mères de ceux qu'on arrêtait?

Ces faits sont invraisemblables, parce qu'ils sont odieux, parce qu'ils révoltent toutes les âmes honnêtes.

Mais comment en fournir ici la preuve? qu'on ordonne une enquête, et l'on saura toute la vérité.

* V. le certificat joint aux pièces justificatives.

En attendant, une dénégation ne suffit pas; parce que là où les formes judiciaires ont été omises, la voix de l'opprimé a dans la balance de la justice autant de poids que celle des accusateurs intéressés à dissimuler aux ministres du Roi la vérité.

Nous désirons nous-mêmes, pour l'honneur de l'humanité que ces faits soient démentis, mais il était de notre devoir de les présenter.

Voilà pour les faits. Quant au droit, la discussion de la chambre, a déjà suffisamment préparé les esprits; et il ne nous appartient pas de nous prononcer sur des questions aussi graves.

Seulement il est de notre devoir, d'éclairer la Chambre sur quelques points de législation coloniale qui ne sont pas connus, et qui peuvent égarer les hommes les plus droits.

D'abord, il est constant qu'il n'existe dans le Recueil officiel des lois de la Martinique aucune loi qui autorise les déportations sans jugement.

Nous reconnaissons qu'en fait, les bannissements étaient pratiqués; et que c'est pour remédier à une partie des abus, que ce pouvoir entraîne, que l'un des ministres du roi, a sous la date du 10 septembre 1817, prescrit aux gouverneurs certaines formes spéciales qui, dans l'affaire actuelle ont été changées arbitrairement.

Parce que le droit de bannissement existerait, est-on dispensé d'observer certaines formes de justice? d'interroger les prévenus? de les mettre à de se défendre, et d'empêcher de fatales por\rs?

En second lieu, et en fait, toutes ces décisions ne sont que *provisoires*; elles portent dans leur intitulé, sauf *l'approbation de S. M.*

Toutes les décisions de déportation ont été soumises à l'approbation de Son Exc. le ministre de la marine, qui n'a pu les prendre que sous sa responsabilité.

Ici se présente la question traitée par M. le général *Foy*, de savoir si le pouvoir extrajudiciaire d'un gouverneur de colonie, peut s'étendre au-delà des limites de son commandement; si quand il a pourvu à la sûreté de la colonie, il n'a pas épuisé ses pouvoirs; si on peut *déporter*, ou seulement *bannir?*

Tous les déportés sont venus sur les côtes de France; ils ont dû y attendre qu'il fût prononcé sur leur sort. Après deux mois environ, une décision ministérielle est intervenue, qui a renvoyé les uns au Sénégal, à l'exception de deux malades; qui en a placé quatre autres (MM. Ériché, Millet, Thébia et Laborde) sous la surveillance de la haute police.

On a semblé reprocher aux déportés d'avoir fait un appel aux passions, et de n'avoir pas eu recours à la clémence royale.

L'honneur défend de demander grâce, quand on a droit de demander justice. Au reste, ils n'ont demandé justice *publiquement* qu'après l'avoi

humblement sollicitée du ministre compétent pei
dant deux mois; ils n'ont eu recours à la publicité
qu'au moment fatal, où, malgré les promesses de
sursis, faites dans les bureaux, ils ont été embar-
qués sur le navire le *Chameau*.

Demander justice, est-ce faire un appel aux
passions? Le scandale, a dit un ministre, est dans
le crime; il n'est pas dans la plainte.

Depuis l'avènement de S. M. Charles X, depuis
le changement partiel du ministère, et en invo-
quant le nom auguste du Dauphin, qui a daigné
s'intéresser à leur infortune, ils ont recommencé
leurs humbles supplications; LL. EExc. les ministres de la marine et de la justice en ont été sai-
sis; on espérait que la mise en liberté de ceux
qui meurent au Sénégal, de maladie et de misère,
serait aussitôt ordonnée. Ils n'ont obtenu aucune
réponse.

Pouvaient-ils se taire? Qu'ont-ils gagné à leur
nce? Quelles consolations leur ont été ac-
es?

Exc. le ministre de la marine a dit qu'une
it qui permettait au gouvernement de
trée en France aux hommes de cou-

nt prouve déjà, que si M. le gouver-
onzelot pouvait bannir de la co-
ait pas *déporter* sans se mettre
c la loi dont il s'agit.

s ne l'avons pas dissimulé

dans notre mémoire, qu'il a existé un acte du gouvernement, qui, en effet, paraît avoir concédé ce droit d'exclusion au gouverneur.

Mais ce n'était pas une loi : c'était un simple arrêté consulaire.

La législature venait (par une loi du 10 prairial an X) de rétablir la traite des nègres, et de soumettre les colonies nouvellement rendues à la France, au pouvoir absolu du gouverneur pendant dix ans.

Le but de cette loi était de conserver aux Colonies le nombre d'esclaves dont elles avaient besoin. Dès lors, il était naturel de ne pas permettre qu'ils fussent amenés en France sans la permission du gouverneur ; car l'esclave est attaché au sol ; et c'est une maxime de notre droit public, que l'esclave qui a touché le sol français devient libre.

Mais le gouvernement avait-il le droit, d'étendre cette servitude aux hommes de couleur nés *libres*, et l'a-t-il fait par l'arrêté du 13 messidor an X ? Non cet arrêté ne s'applique qu'aux hommes de couleur *esclaves*, et non à ceux investis de tous les droits civils par l'art. 59 de l'édit de mars 1685, connu sous le nom de Code noir ? Voilà, d'ailleurs, ce que la Chambre des Pairs aurait à examiner, si l'arrêté dont il s'agit n'avait pas été abrogé.

Elle pourrait se demander si l'acte du 13 messidor, qui n'a aucun caractère législatif, a pu porter atteinte à un droit naturel; si la liberté des hommes est chose purement réglementaire; si l'arrêté est autre chose qu'une décision ministé-rielle; s'il a plus de force que celle que le minis-tre de la justice a prise le 18 nivose an XI, pour interdire en France le mariage entre les blancs et les gens de couleur?

L'arrêté du 13 messidor an X, est un acte de propre mouvement; il a été rédigé par un ancien intendant de colonie (M. *Dupuy*), frappé de l'état de dégradation où étaient, avant la révolution, les hommes de couleur, avant qu'ils se fussent enrichis par le commerce. Le premier consul le signa, dit-on, pour éloigner des Tuileries le mari d'une dame de sa famille, qui était homme de couleur. C'est ainsi qu'un fait particulier amène une mesure générale.

Si cet acte avait force de loi, les hommes *libres* de couleur seraient plus maltraités en France que les étrangers; et cependant une proclamation du Roi, du 10 mars 1790, porte que les Colonies font partie intégrante de l'empire français.

Mais cet arrêté a été abrogé par l'art. 8 du Code civil, qui porte que tout Français jouira des droits civils, et par la promulgation de la Charte, qui a fait tomber toutes les lois d'exception, et a dé-claré tous les Français égaux devant la loi.

Au surplus cet arrêté est étranger à la mise en liberté des déportés du Sénégal.

Il est de fait que, depuis la restauration, un

grand nombre d'hommes de couleur sont venus s'établir en France; pas un n'a sollicité de permission à cet égard; aucun d'eux n'a été expulsé.

C'est donc la première fois en 1825, que l'on évoque et que l'on fait valoir comme une loi, un arrêté qui a cessé d'exister avec les circonstances qui l'ont fait naître, oublié de tous, tombé dans une désuétude telle, que jamais l'autorité elle-même n'eût pensé à le mettre à exécution, sans cette déportation, et pour prévenir, peut-être, les objections que M. le général Foy a fait valoir sur la conversion de la déportation en bannissement.

Il est de fait d'ailleurs, que les quatre déportés auxquels on prétend que cette mesure a été appliquée, ont réellement débarqué à Brest, à la fin d'avril 1824, qu'ils y ont séjourné plus de 5 mois, avant de recevoir la notification de l'ordre de bannissement.

Enfin, que cet arrêté existe ou n'existe pas, peu importe aujourd'hui, qu'il s'agit uniquement du sort des déportés du Sénégal.

Qu'il nous soit permis en terminant de répondre au reproche qui nous a été personnellement adressé par M. le rapporteur de la commission des pétitions, relativement à une comparaison entre le sort des déportés et celui des émigrés.

Assurément si ce sont des coupables, si ce sont des incendiaires et des assassins, l'improbation de M. le Rapporteur était méritée.

Mais s'ils sont innocents, si bien loin de vouloir attenter à la vie des Blancs, ils ont versé leur sang pour eux, s'ils sont des sujets fidèles et dévoués, et s'ils l'ont toujours été, comme on l'a dit dans un journal qu'on n'accusera pas d'appeler à l'insurrection contre les Blancs *, et comme M. le Ministre de la marine en est convenu; qu'est-ce que la comparaison a d'injurieux? Ce n'est sans doute pas à cause de la couleur; un écrit imprimé à Haïti, en septembre 1824, signale un des plus distingués orateurs de la Chambre des Pairs, un des plus fidèles serviteurs du roi, comme un homme de sang mêlé, comme un frère.

Certes, ce ne sont pas ceux qui combattent l'arbitraire, et qui demandent à justifier les victimes d'une injuste persécution, qui se rendraient les apologistes des incendiaires. Si les colons Blancs étaient frappés de déportation, dans des circonstances pareilles, ils les défendraient avec le même zèle. C'est parce qu'ils veulent que les Blancs vivent en paix, en parfaite sécurité, qu'ils défendent les déportés de ces imputations de haine et de vengeance qu'on leur suppose. S'ils étaient devant un tribunal régulier, chacun applaudirait à leurs efforts. Qu'on leur donne des juges, qu'on nomme une commission d'enquête, qu'on produise les charges, et l'on verra avec quel empressement ils se justifieront.

Si on ne veut pas leur permettre cette justifi-

* Journal des Débats du 22 juillet.

cation; qu'on cesse de les accuser; qu'on mette en liberté le reste de ceux qui ont été déportés au Sénégal, avant que la mort en ait moissonné la plupart, ou les ait réduits au dernier état de misère que l'homme puisse atteindre, séparé de ses biens, de sa famille et de ses enfants.

Une pareille demande n'est pas un appel aux passions, mais à la justice, à l'humanité.

Paris, ce 9 janvier 1825.

ISAMBERT.

DE L'IMPRIMERIE DE E. POCHARD,
RUE POT-DE-FER, N° 14, A PARIS.